AF175817

Impressum
Verlag: BABADADA GmbH, Nedderfeld 112 , 22529 Hamburg
Geschäftsführer / Verlagsleitung: Harald Hof
Druck: Books on Demand GmbH, In de Tarpen 42, 22848 Norderstedt

Imprint
Publisher: BABADADA GmbH, Nedderfeld 112 , 22529 Hamburg, Germany
Managing Director / Publishing direction: Harald Hof
Print: Books on Demand GmbH, In de Tarpen 42, 22848 Norderstedt, Germany

1

School

kool

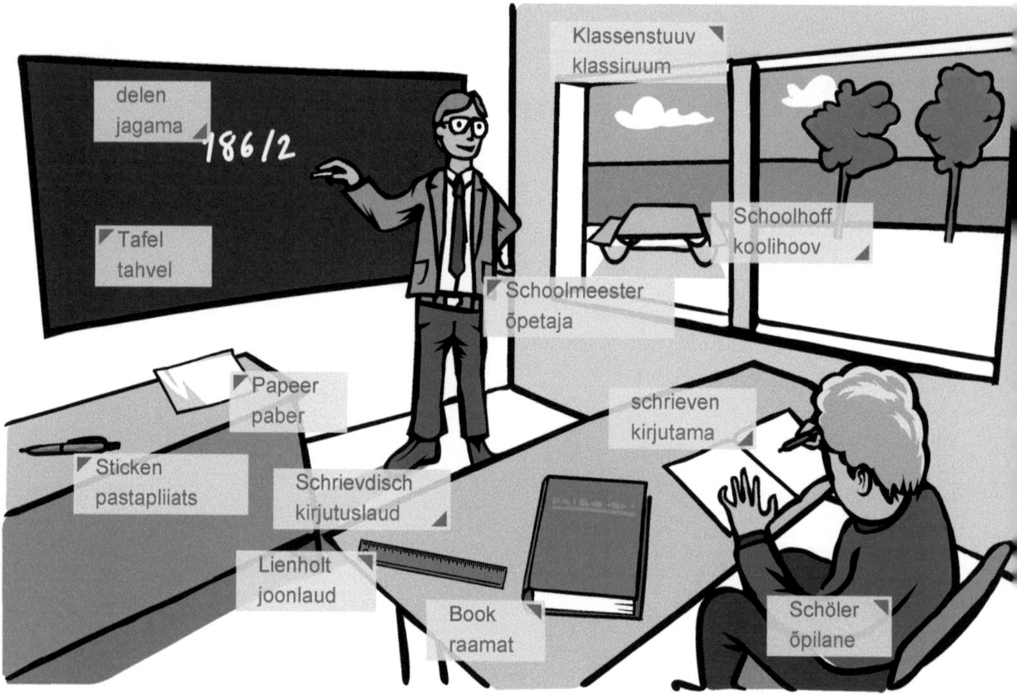

Klassenstuuv
klassiruum
delen
jagama
186/2
Tafel
tahvel
Schoolhoff
koolihoov
Schoolmeester
õpetaja
Papeer
paber
schrieven
kirjutama
Sticken
pastapliiats
Schrievdisch
kirjutuslaud
Lienholt
joonlaud
Book
raamat
Schöler
õpilane

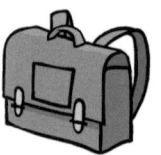

Ranzel
....
koolikott

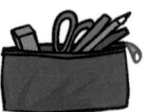

Feddermapp
....
pinal

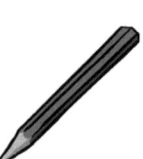

Bleesticken
....
harilik pliiats

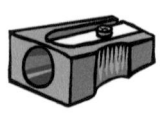

Scharpmaker
....
pliiatsiteritaja

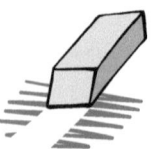

Radeergummi
....
kustukumm

Tekenblock
....
joonistusplokk

Teken

joonistus

Pinsel

pintsel

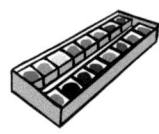

Malkassen

värvikarp

Scheer

käärid

Klever

liim

Heft to'n Öven

töövihik

Huusopgaav

kodutöö

12

Tall

number

2+2

tohooptellen

liitma

5-2

aftrecken

lahutama

2×2

malnehmen

korrutama

reken

arvutama

Bookstaav

täht

**ABCDEFG
HIJKLMN
OPQRSTU
VWXYZ**

ABC

tähestik

Woort

sõna

Text

tekst

lesen

lugema

Kried

kriit

Stunn

koolitund

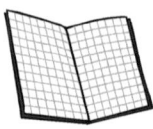

Klassenbook

klassipäevik

Pröven

eksam

Tüügnis

tunnistus

Schooluniform

koolivorm

Utbillen

haridus

Nakieksel

entsüklopeedia

Universität

ülikool

Mikroskop

mikroskoop

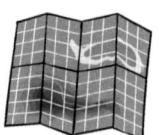

Koort

kaart

Papeerkorf

paberikorv

Törn
reisimine

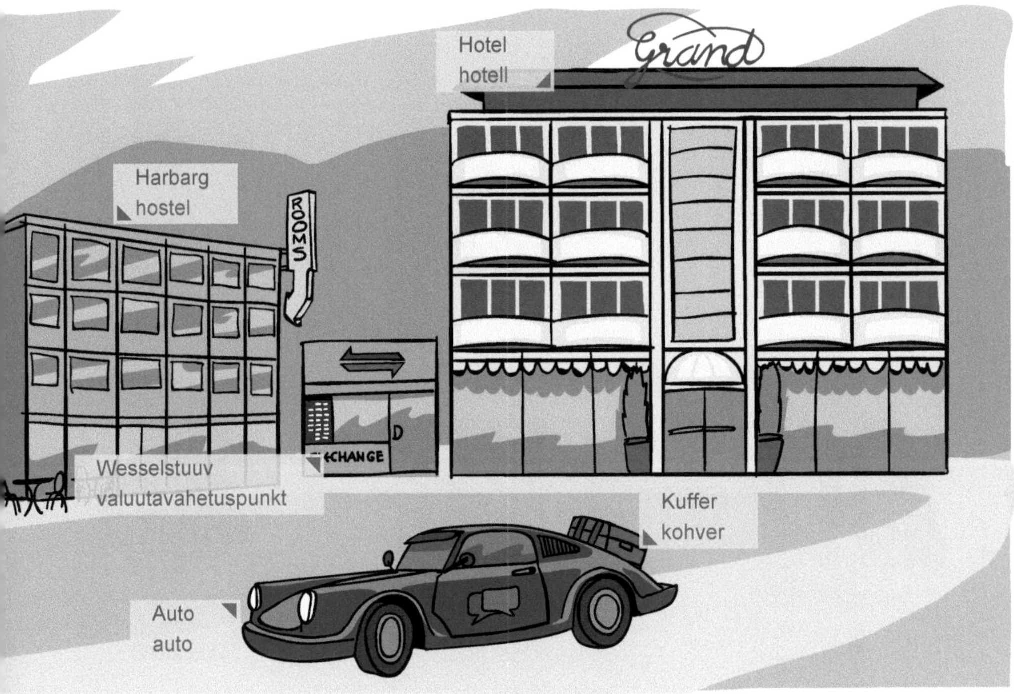
Hotel
hotell
Grand
Harbarg
hostel
ROOMS
Wesselstuuv
valuutavahetuspunkt
EXCHANGE
Kuffer
kohver
Auto
auto

Spraak

keel

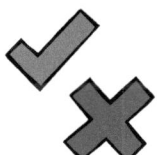

jo / ne

jah / ei

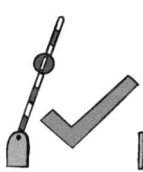

Jo

okei

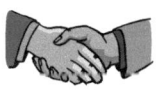

Moin

Tere!

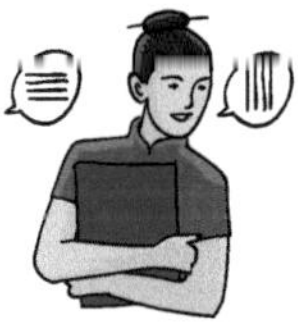

Översetter

tõlk

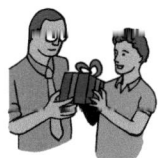

Dank ok

Aitäh!

Wat kost...?

Kui palju maksab ...?

Ik verstah nich

Ma ei saa aru

Problem

probleem

Goden Avend

Tere õhtust!

Moin!

Tere hommikust!

Gode Nacht!

Head ööd!

Tschüüs

Head aega!

Richt

suund

Bagaasch

pagas

Tasch

kott

Rüchsack

seljakott

Gast

külaline

Stuuv

tuba

Slaapsack

magamiskott

Telt

telk

ouristeninformatschoon	Strand	Kreditkoort
turismiinfo	rand	krediitkaart

Fröhstück	Meddageten	Avendeten
hommikusöök	lõunasöök	õhtusöök

Fohrkort	Fohrstohl	Breefmark
pilet	lift	postmark

Grenz	Toll	Bottschop
riigipiir	toll	saatkond

Visum	Pass
viisa	pass

Transport

transport

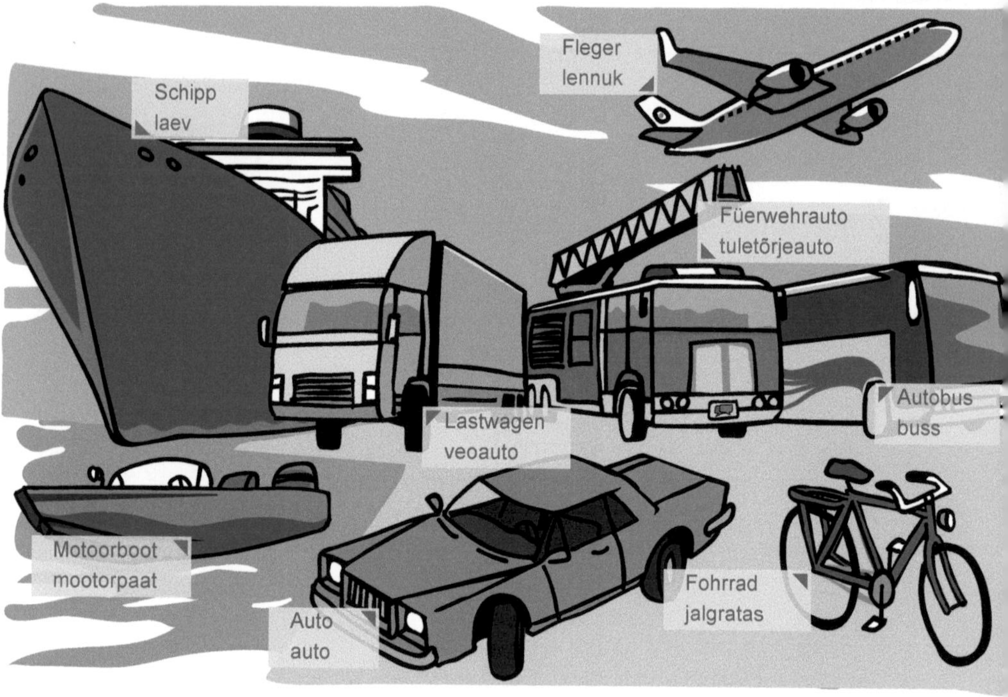

Schipp
laev
Fleger
lennuk
Füerwehrauto
tuletõrjeauto
Lastwagen
veoauto
Autobus
buss
Motoorboot
mootorpaat
Fohrrad
jalgratas
Auto
auto

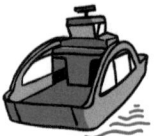

Fähr

praam

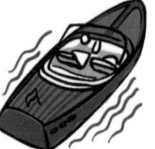

Boot

paat

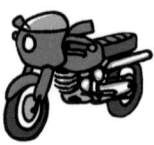

Motoorrad

mootorratas

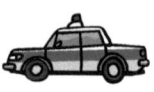

Polizeiauto

politseiauto

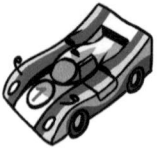

Rönnauto

võidusõiduauto

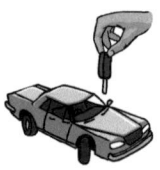

Lehnwagen

rendiauto

Carsharing

ühisauto

Afsleepwagen

puksiirauto

Müllauto

prügiauto

Motoor

mootor

Kraftstoff

kütus

Tanksteed

tankla

Verkehrsschild

liiklusmärk

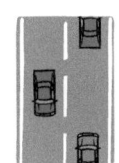

Verkehr

liiklus

Stau

liiklusummik

Afstellplatz

parkla

Bahnhoff

raudteejaam

Sporen

rööpad

Tog

rong

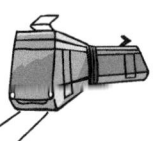

Stratenbahn

tramm

Wagon

vagun

Dwarsmöhl
helikopter

Flooghaven
lennujaam

Tower
torn

Fohrgast
reisija

Grootkist
konteiner

Karton
pappkast

Koor
käru

Korf
korv

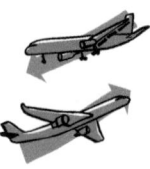

starten / lannen
õhku tõusma / maanduma

Stadt
linn

Dörp
küla

Binnenstadt
kesklinn

Huus
maja

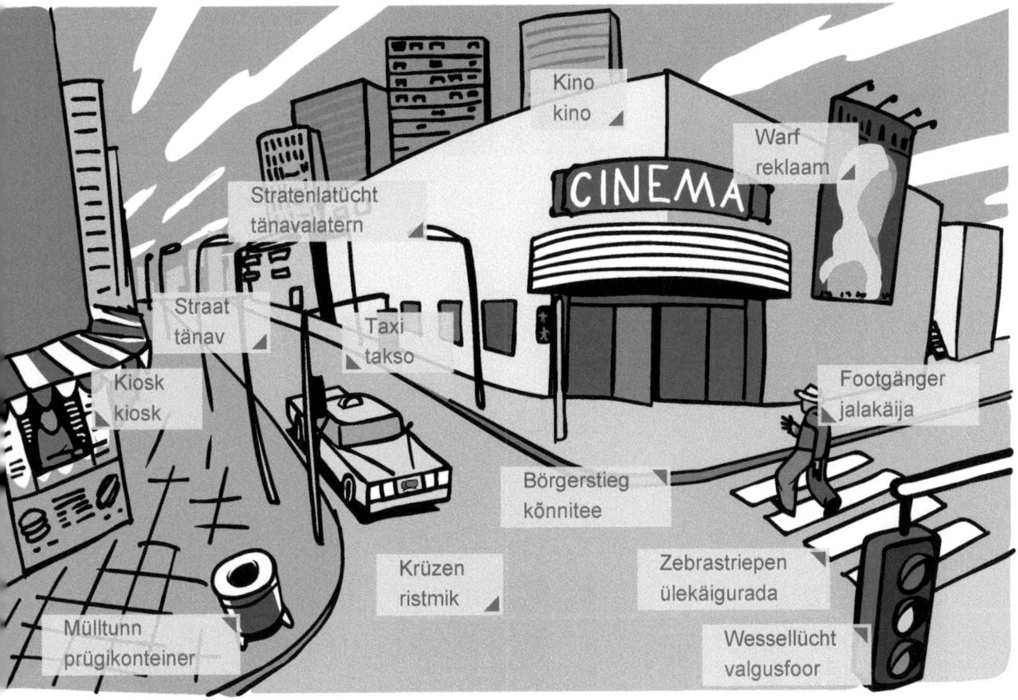

Kino
kino

Warf
reklaam

Stratenlatücht
tänavalatern

CINEMA

Straat
tänav

Taxi
takso

Kiosk
kiosk

Footgänger
jalakäija

Börgerstieg
kõnnitee

Krüzen
ristmik

Zebrastriepen
ülekäigurada

Wessellücht
valgusfoor

Mülltunn
prügikonteiner

Hütt

osmik

Wahnung

kortermaja

Bahnhoff

raudteejaam

Raathuus

raekoda

Museum

muuseum

School

kool

Universität

ülikool

Bank

pank

Krankenhuus

haigla

Hotel

hotell

Afteek

apteek

Büro

kontor

Bookhökerie

raamatupood

Hökerie

kauplus

Blomenhökerie

lillepood

Supermarkt

supermarket

Markt

turg

Koophuus

kaubamaja

Fischhökerie

kalapood

Inkoopszentrum

kaubanduskeskus

Haven

sadam

Parkanlaag

park

Bank

pink

Brüch

sild

Trepp

trepp

Ünnergrundbahn

metroo

Tunnel

tunnel

Busstoppsteed

bussipeatus

Bar

baar

Spieslokal

restoran

Breefkassen

postkast

Stratenschild

tänavasilt

Parkklock

parkimisautomaat

Deertenpark

loomaaed

Baadanstalt

ujula

Moschee

mošee

Buernhoff

talu

Ümweltversmudden

reostus

Karkhoff

surnuaed

Kark

kirik

Speelplatz

mänguväljak

Tempel

tempel

Landschop
maastik

Blatt
leht

Wiespahl
teeviit

Weg
tee

Wisch
aas

Steen
kivi

Wannerer
matkaja

Boom
puu

Fluss
jõgi

Gras
rohi

Bloom
lill

Daal
....
org

Barg
....
mägi

See
....
järv

Holt
....
mets

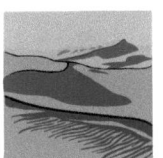

Wööst
....
kõrb

Füerspien Barg
....
vulkaan

Slott
....
linnus

Regenbagen
....
vikerkaar

Poggenstohl
....
seen

Palm
....
palm

Steekmück
....
sääsk

Fleeg
....
kärbes

Miegeemk
....
sipelgas

Imm
....
mesilane

Spinn
....
ämblik

Sebber

mardikas

Pogg

konn

Katteker

orav

Swienegel

siil

Haas

jänes

Uul

öökull

Vagel

lind

Swaan

luik

Wildswien

metssiga

Hirsch

hirv

Elk

põder

Staudamm

pais

Windrad

tuuleturbiin

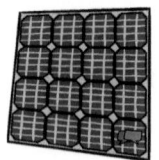

Solarmodul

päikesepaneel

Klima

kliima

Spieslokal
restoran

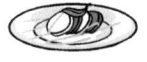

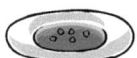

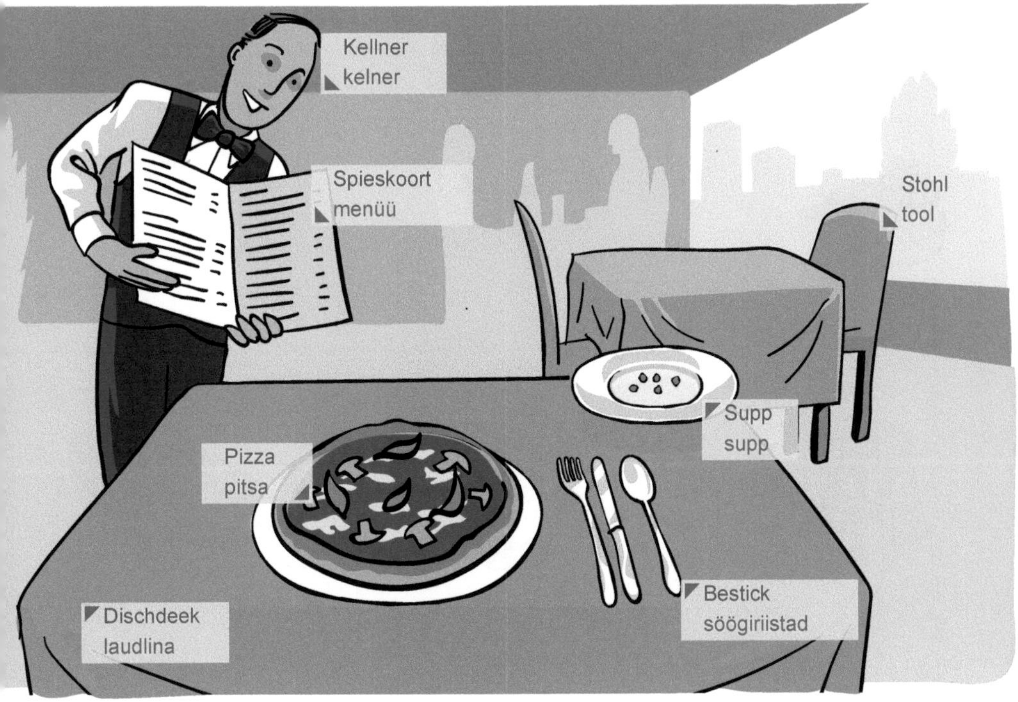

Kellner
kelner
Spieskoort
menüü
Stohl
tool
Supp
supp
Pizza
pitsa
Bestick
söögiriistad
Dischdeek
laudlina

Vörspies
eelroog

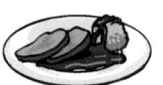

Haupteten
pearoog

Nadisch
magustoit

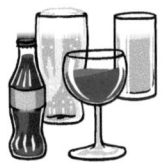

Drünk
joogid

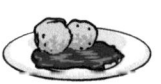

Eten
toit

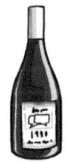

Buddel
pudel

Fastfood

kiirtoit

Strateneten

tänavatoit

Teekann

teekann

Zuckerdoos

suhkrutoos

Portschoon

portsjon

Espressomaschien

espressomasin

Hoochstohl

lastetool

Reken

arve

Tablett

kandik

Mess

nuga

Gavel

kahvel

Lepel

lusikas

Teelepel

teelusikas

Munddook

salvrätik

Glas

klaas

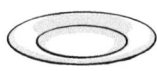

Töller

taldrik

Suppentöller

supitaldrik

Ünnertass

alustass

Sooß

kaste

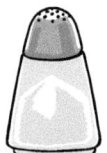

Soltstreuer

soolatoos

Pepermöhl

pipraveski

Etig

äädikas

Ööl

õli

Krüder

vürtsid

Ketchup

ketšup

Mostrich

sinep

Mayonnaise

majonees

Supermarkt

supermarket

Anbott
eripakkumine
Kunn
klient
FOR
Melkprodukten
piimatooted
Aaft
puuviljad
Inkoopswagen
ostukäru

BUTCHERS

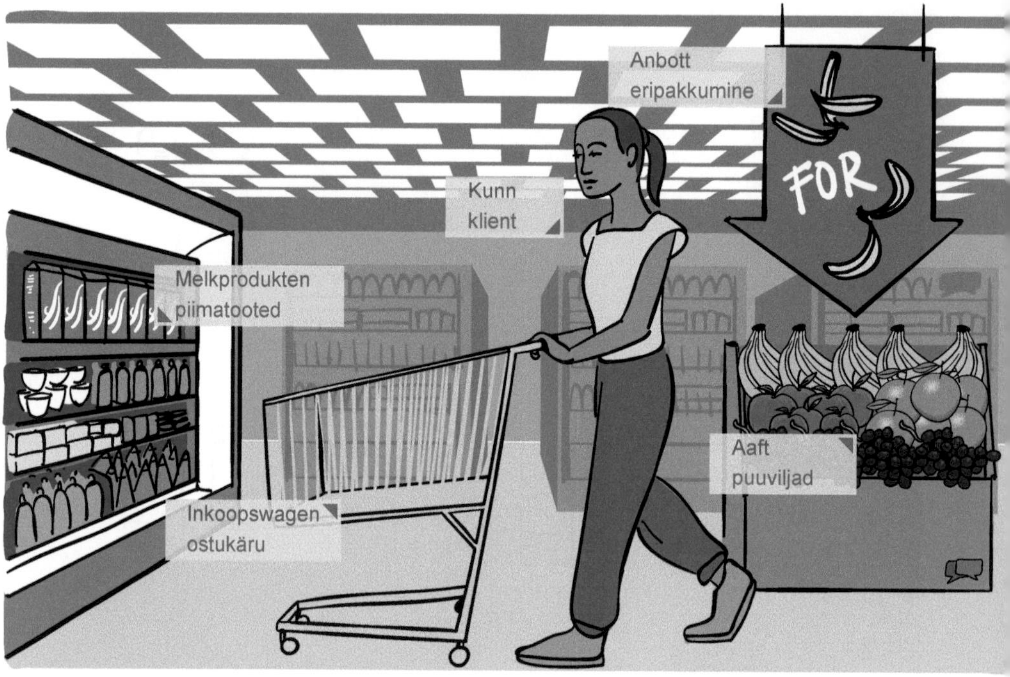

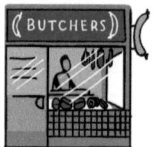

Slachterie

lihapood

BAKERY

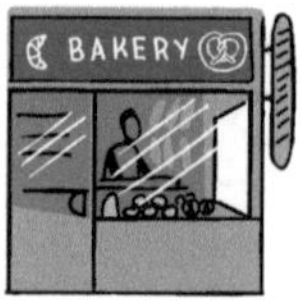

Bäckerie

pagariäri

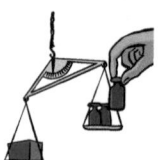

wegen

kaaluma

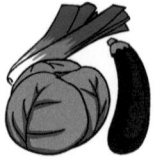

Gröönsaken

köögiviljad

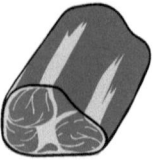

Fleesch

liha

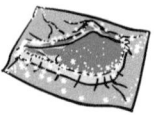

Deepköhlkost

külmutatud toit

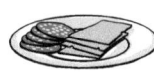

Opsnitt

lihalõigud

Konserven

konservid

Waschmiddel

pesupulber

Snoopkraam

maiustused

Huushooltssaken

majatarbed

Reinmaaktüüch

puhastustooted

Verköpersche

müüja

Kass

kassaaparaat

Kasserer

kassapidaja

Inkoopslist

ostunimekiri

Opsparrtieden

lahtiolekuajad

Breeftasch

rahakott

Kreditkoort

krediitkaart

Tasch

kott

Plastiktüüt

kilekott

Water

vesi

Saft

mahl

Melk

piim

Cola

koola

Wien

vein

Beer

õlu

Spriet

alkohol

Kakao

kakao

Tee

tee

Koffie

kohv

Espresso

espresso

Cappucino

cappuccino

Banaan

banaan

Appel

õun

Appelsien

apelsin

Meloon

arbuus

Zitroon

sidrun

Wöttel

porgand

Knuuvlook

küüslauk

Bambus

bambus

Zibbel

sibul

Poggenstohl

seen

Nööt

pähklid

Nudeln

nuudlid

Spaghetti	Ries	Salat
spagetid	riis	salat

Pommes frites	Braadkantüffeln	Pizza
friikartulid	praekartulid	pitsa

Hamborger	Sandwich	Snitzel
hamburger	võileib	šnitsel

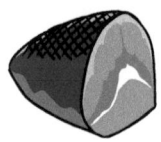  

Schinken	Salami	Wust
sink	salaami	vorst

Hohn	Braden	Fisch
kana	praeliha	kala

Haverflocken
kaerahelbed

Müsli
müsli

Cornflakes
maisihelbed

Mehl
jahu

Croissant
sarvesai

Rundstück
kukkel

Broot
leib

Toast
röstsai

Keksen
küpsised

Botter
või

Quark
kohupiim

Koken
kook

Ei
muna

Spegelei
praemuna

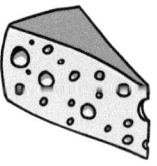

Kees
juust

Ies
jäätis

Zucker
suhkur

Honnig
mesi

Marmelaad
moos

Nougat-Creme
pähklivõie

Curry
karri

Buernhoff
talu

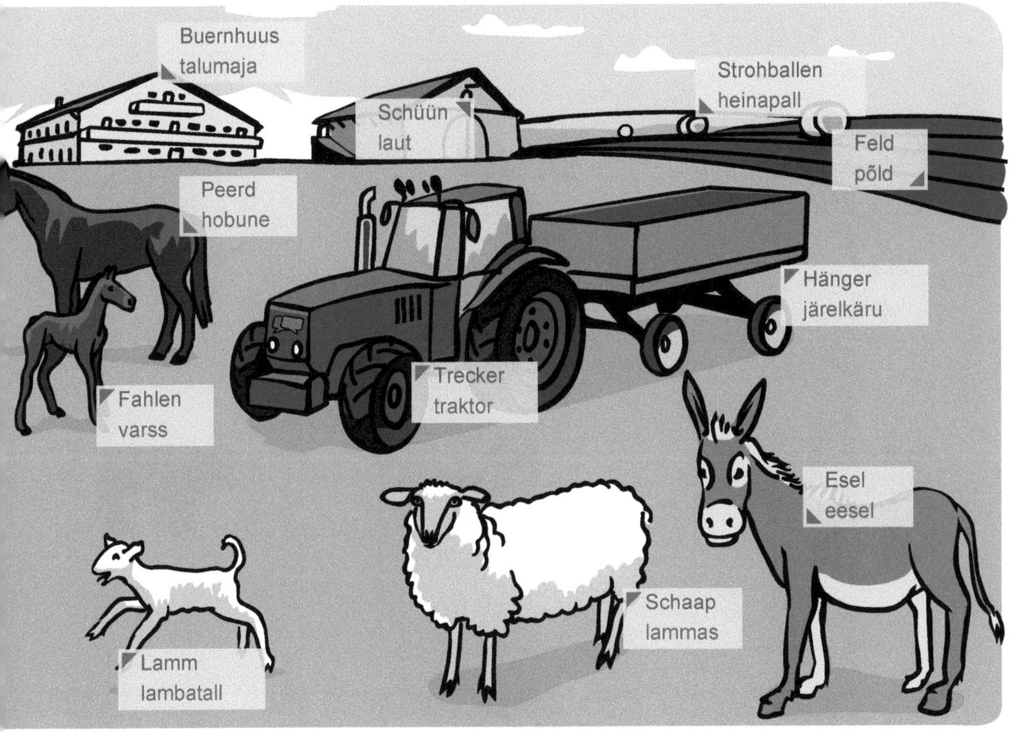
Buernhuus
talumaja
Schüün
laut
Strohballen
heinapall
Feld
põld
Peerd
hobune
Hänger
järelkäru
Trecker
traktor
Fahlen
varss
Esel
eesel
Schaap
lammas
Lamm
lambatall

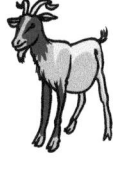

Zeeg

kits

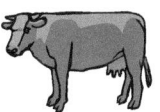

Koh

lehm

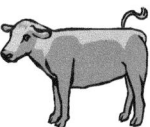

Kalf

vasikas

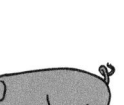

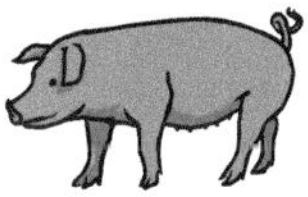

Swien

siga

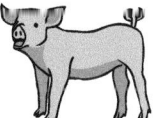

Farken

põrsas

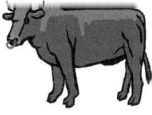

Bull

pull

Goos

hani

Aant

part

Küken

tibu

Hohn

kana

Hahn

kukk

Rott

rott

Katt

kass

Muus

hiir

Oss

härg

Hund

koer

Hunnenhütt

koerakuut

Goornslauch

aiavoolik

Geetkann

kastekann

Lee

vikat

Ploog

ader

Sich

sirp

Hack

kõblas

Mestfork

hang

Ext

kirves

Schuufkoor

käru

Trog

küna

Melkkann

piimanõu

Sack

kott

Tuun

tara

Stall

tall

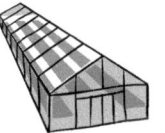

Drievhuus

kasvuhoone

Bodden

muld

Saat

seeme

Dünger

väetis

Meihdöscher

kombain

oornen
....
saaki koristama

Oorn
....
saagikoristus

Yamswöttel
....
jamss

Weten
....
nisu

Soja
....
soja

Kantüffel
....
kartul

Törksche Weten
....
mais

Rapp
....
raps

Aaftboom
....
viljapuu

Troopsch Kantüffel
....
maniokk

Koorn
....
teravili

Huus
maja

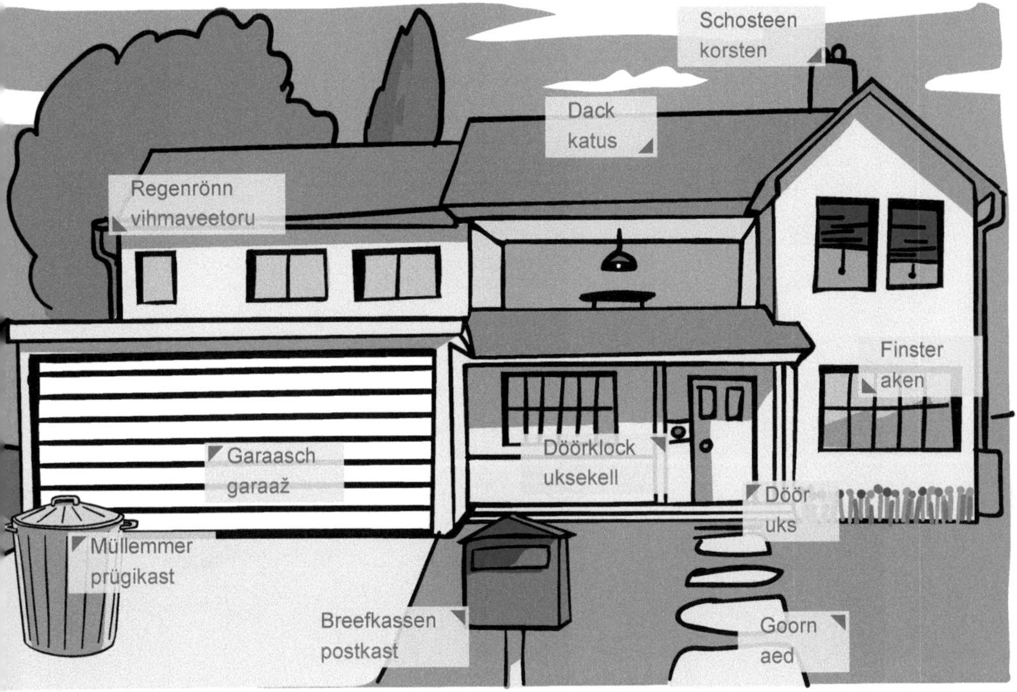

Schosteen
korsten
Dack
katus
Regenrönn
vihmaveetoru
Finster
aken
Garaasch
garaaž
Döörklock
uksekell
Döör
uks
Müllemmer
prügikast
Breefkassen
postkast
Goorn
aed

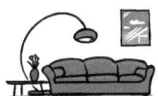

Wahnstuuv
....
elutuba

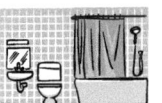

Baadstuuv
....
vannituba

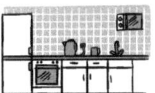

Köök
....
köök

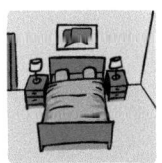

Slaapstuuv
....
magamistuba

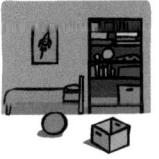

Kinnerstuuv
....
lastetuba

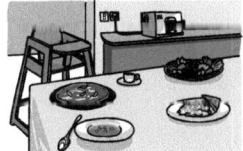

Eetstuuv
....
söögituba

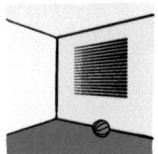

Footbodden

põrand

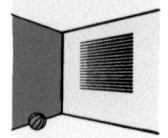

Wand

sein

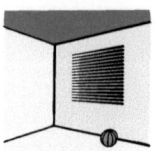

Deek

lagi

Keller

kelder

Hittluftbad

saun

Balkon

rõdu

Terrass

terrass

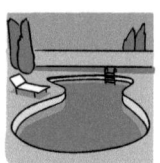

Swümmbad

bassein

Rasenmeiher

muruniiduk

Bettbetog

voodilina

Bettdeek

päevatekk

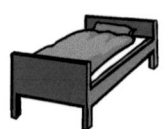

Puuch

voodi

Bessen

luud

Emmer

ämber

Schalter

lüliti

Wahnstuuv

elutuba

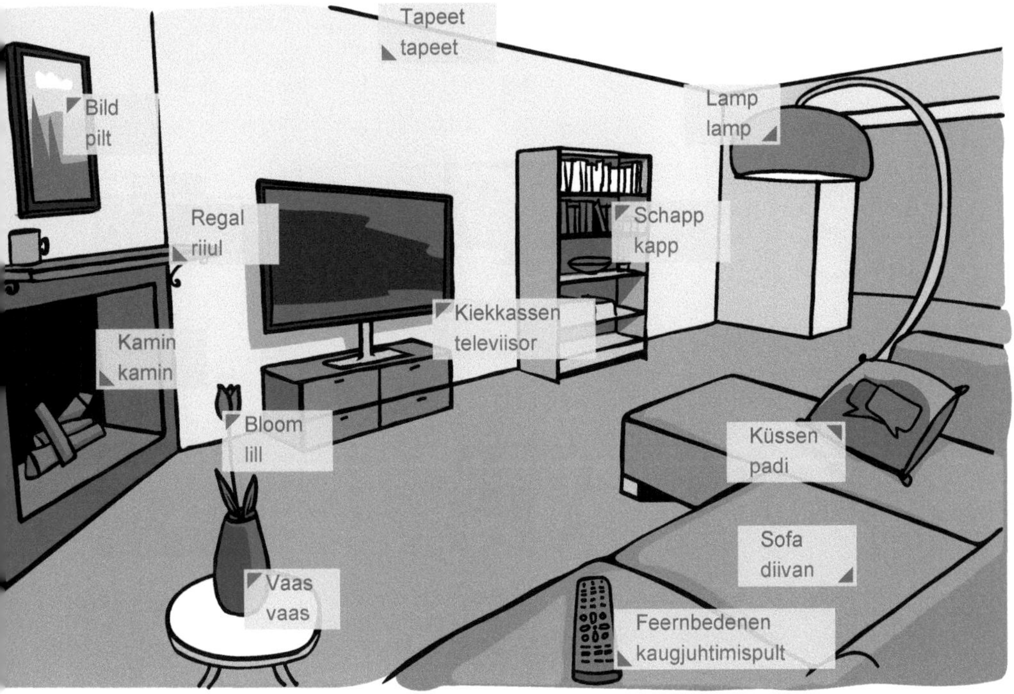

Tapeet
tapeet
Bild
pilt
Lamp
lamp
Regal
riiul
Schapp
kapp
Kiekkassen
televiisor
Kamin
kamin
Bloom
lill
Küssen
padi
Sofa
diivan
Vaas
vaas
Feernbedenen
kaugjuhtimispult

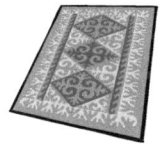

Teppich

vaip

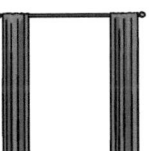

Vörhang

kardin

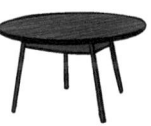

Disch

laud

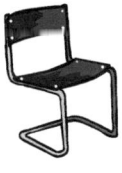

Stohl

tool

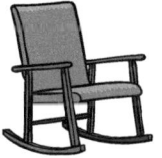

Schuckelstohl

kiiktool

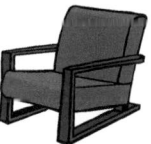

Sessel

tugitool

Book

raamat

Deek

tekk

Dekoratschoon

kaunistus

Füerholt

küttepuud

Film

film

Stereoanlaag

helisüsteem

Slötel

võti

Narichtenblatt

ajaleht

Gemälde

maal

Poster

plakat

Radio

raadio

Opschrievblock

märkmik

Huulbessen

tolmuimeja

Kaktus

kaktus

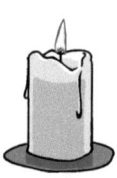

Kars

küünal

Köök
köök

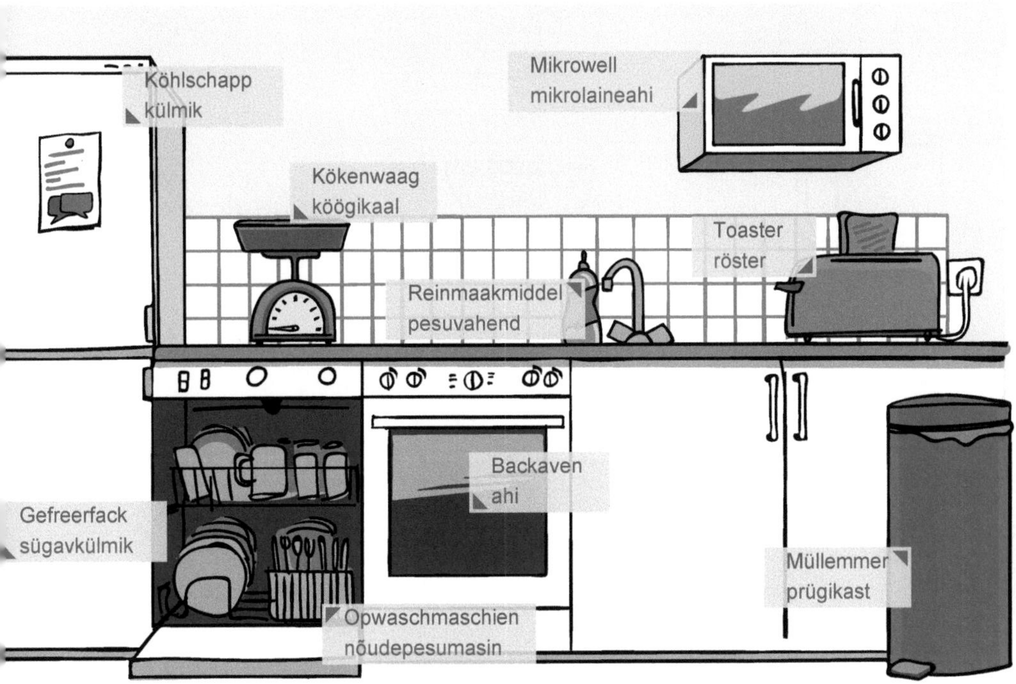

Köhlschapp
külmik
Mikrowell
mikrolaineahi
Kökenwaag
köögikaal
Toaster
röster
Reinmaakmiddel
pesuvahend
Backaven
ahi
Gefreerfack
sügavkülmik
Müllemmer
prügikast
Opwaschmaschien
nõudepesumasin

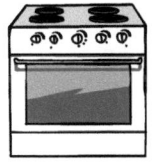

Heerd
....
pliit

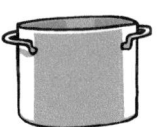

Pott
....
pott

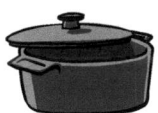

Gussiesern Putt
....
malmpott

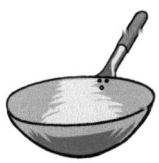

Wok / Kadai
....
vokkpann

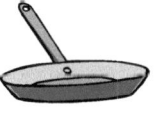

Pann
....
pann

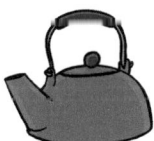

Waterkaker
....
veekeetja

Dampkaakputt

aurutaja

Backblick

küpsetusplaat

Geschirr

lauanõud

Beker

kruus

Schaal

kauss

Eetsticken

söögipulgad

Suppenkell

kulp

Pannenwenner

pannilabidas

Sneebessen

vispel

Kaakseef

kurn

Seef

sõel

Riev

riiv

Mörser

uhmer

Grill

grill

Füerstell

lahtine tuli

Sniedbrett

lõikelaud

Nudelholt

tainarull

Proppentrecker

korgitser

Doos

konservipurk

Dosenaapner

konserviavaja

Pottlappen

pajakinnas

Waschbecken

kraanikauss

Böst

hari

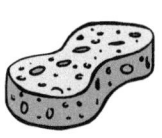

Swamm

pesukäsn

Mixer

kannmikser

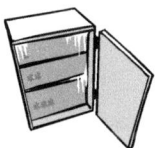

Iesschapp

sügavkülmuti

Nuckelbuddel

lutipudel

Waterhahn

segisti

Köök - köök

37

Baadstuuv
vannituba

Heizung
küte
Handdook
käterätik
Bruus
dušš
Bruusvörhang
dušikardin
Schuumbad
mullivann
Baadwann
vann
Glas
klaas
Waschmaschien
pesumasin
Waterhahn
segisti
Fliesen
plaadid
lütte Putt
pissipott
Waschbecken
kraanikauss

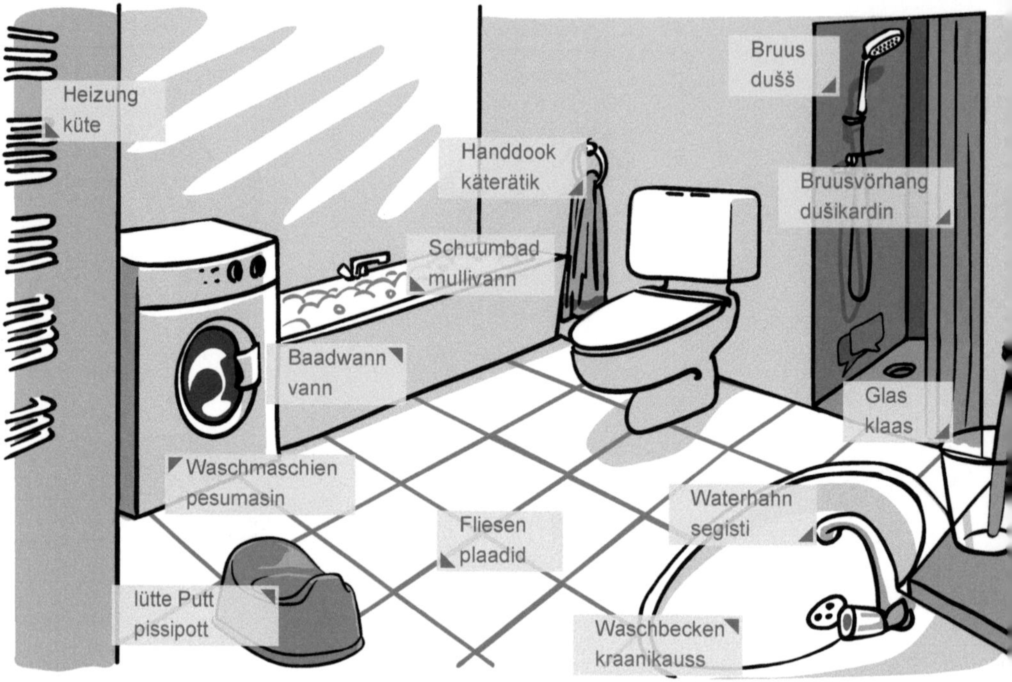

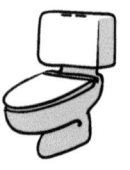

Tante Meier
WC-pott

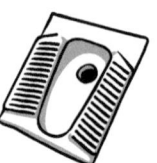

Hockklo
kükitamistualett

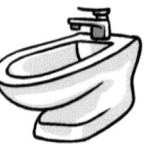

Bidet
bidee

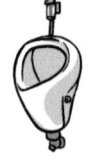

Miegbecken
pissuaar

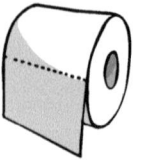

Klopapeer
tualettpaber

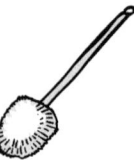

Kloböst
WC-hari

Tähnböst

hambahari

Tähnpast

hambapasta

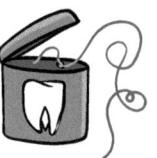

Tähnsied

hambaniit

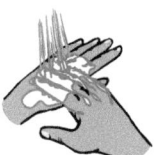

waschen

pesema

Handbruus

käsidušš

Intimbruus

intiimdušš

Waschschöttel

pesukauss

Rüchböst

seljahari

Seep

seep

Bruusgeel

dušigeel

Hoorwaschmiddel

šampoon

Waschlappen

vamm

Afloop

äravool

Creme

kreem

Deodorant

deodorant

Spegel

peegel

Kosmetikspegel

käsipeegel

Raserer

habemenuga

Raseerschuum

raseerimisvaht

Raseerwater

habemevesi

Kamm

kamm

Böst

hari

Hoordröger

föön

Hoorspray

juukselakk

Smink

meigikomplekt

Lippensticken

huulepulk

Nagellack

küünelakk

Watt

vatt

Nagelscheer

küünekäärid

Rüükwater

parfüüm

Kulturbüdel

tualett-tarvete kott

Schemel

taburet

Waag

kaal

Baadmantel

hommikumantel

Gummihanschen

kummikindad

Tampon

tampoon

Damenbinn

hügieeniside

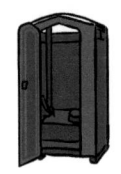

Chemieklo

keemiline tualett

Kinnerstuuv
lastetuba

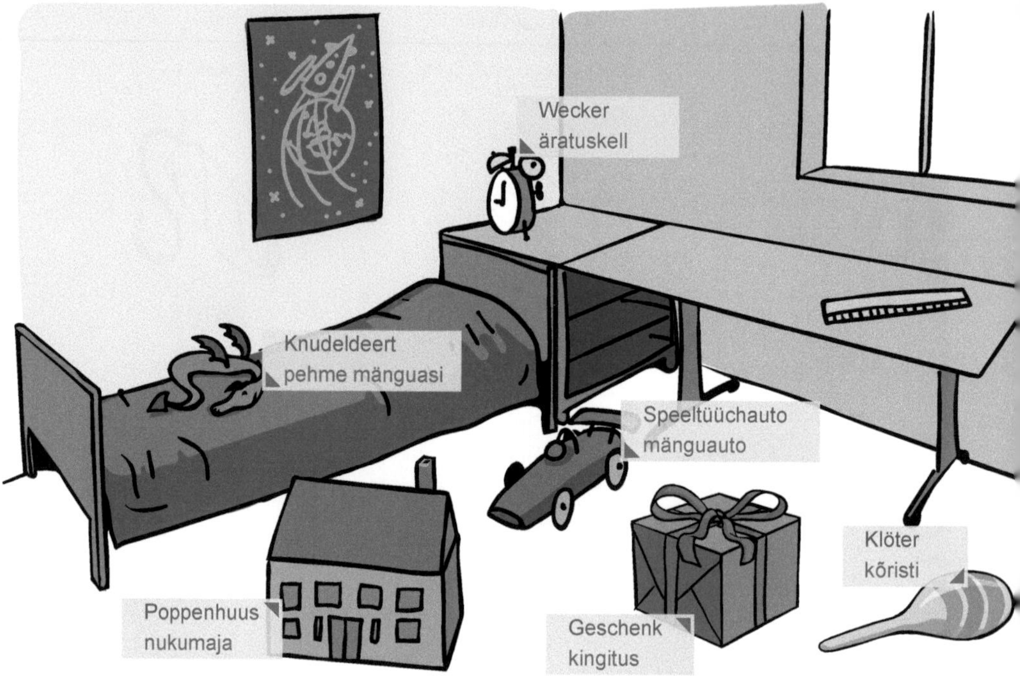
Wecker
äratuskell
Knudeldeert
pehme mänguasi
Speeltüüchauto
mänguauto
Klöter
kõristi
Poppenhuus
nukumaja
Geschenk
kingitus

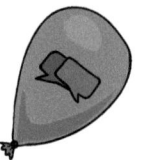

Luftballon

õhupall

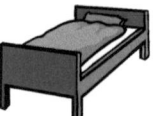

Puuch

voodi

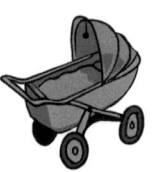

Kinnerwagen

lapsevanker

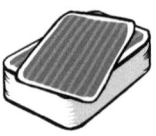

Koortenspeel

kaardipakk

Puzzle

pusle

SUPER
MEGA

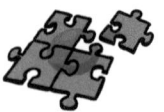

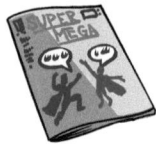

Billergeschicht

koomiks

Legostenen

Lego klotsid

Bustenen

klotsid

Action-Figur

kujuke

Strampelantog

siputuspüksid

Frisbeeschiev

lendav taldrik

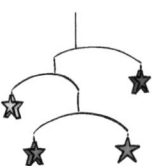

Mobile

voodikarussell

Brettspeel

lauamäng

Wörpel

täringud

Modelliesenbahn

mudelrong

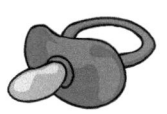

Snuller

lutt

Party

pidu

Billerbook

pildiraamat

Ball

pall

Popp

nukk

spelen

mängima

Sandkassen

liivakast

Schuckel

kiik

Speeltüüch

mänguasjad

Speelkonsool

mängukonsool

Dreerad

kolmerattaline jalgratas

Teddyboor

mängukaru

Klederschapp

riidekapp

Tüüch
riietus

Socken

sokid

Strümp

sukad

Strumpbüx

sukkpüksid

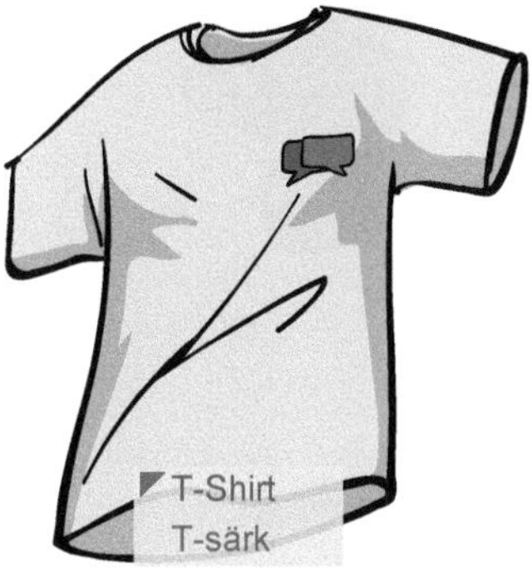

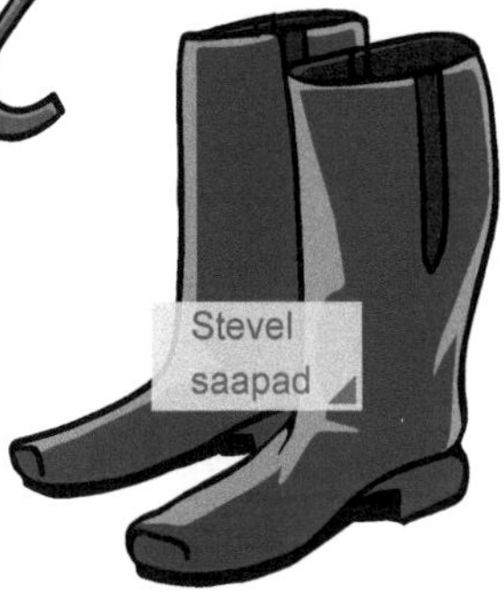

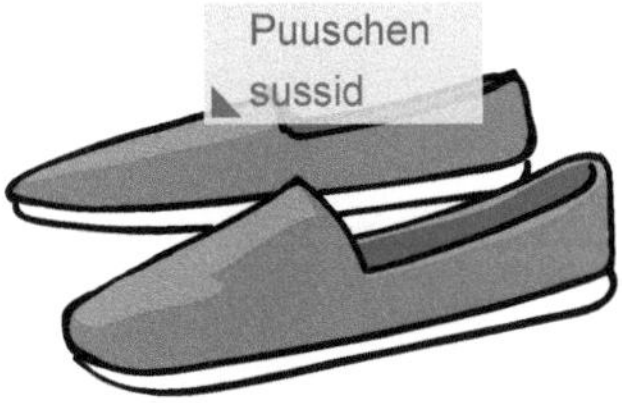

Halsdook
sall

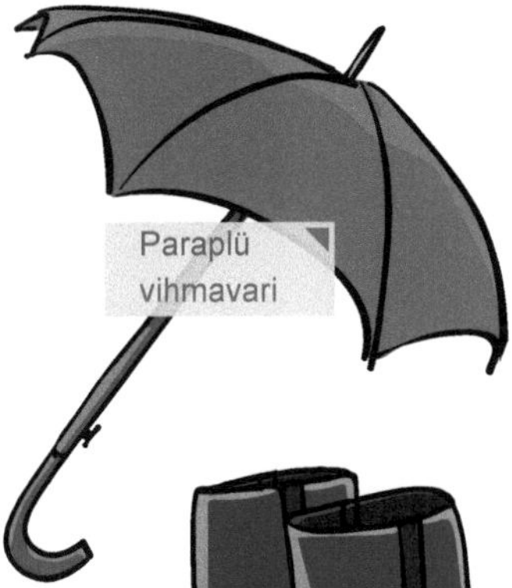

Liefreem
vöö

Paraplü
vihmavari

T-Shirt
T-särk

Stevel
saapad

Puuschen
sussid

Turnschoh
tossud

Sandalen
....
sandaalid

Schoh
....
jalatsid

Gummistevel
....
kummikud

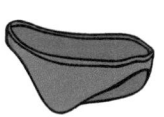

Ünnerbüx
....
aluspüksid

Bustholler
....
rinnahoidja

Ünnerhemd
....
vest

Lief
....
bodi

Büx
....
püksid

Jeansnüx
....
teksapüksid

Rock
....
seelik

Bluus
....
pluus

Hemd
....
särk

Pullover
....
sviiter

Kapuzenpullover
....
dressipluus

Blazer
....
bleiser

Jack
....
jakk

Mantel
....
mantel

Övertrecker
....
vihmamantel

Kostüm
....
kostüüm

Kleed
....
kleit

Hochtietskleed
....
pulmakleit

Antog
ülikond

Nachtkleed
öösärk

Slaapantog
pidžaama

Sari
sari

Koppdook
pearätt

Turban
turban

Burka
burka

Kaftan
kaftan

Abaya
abayah

Baadantog
ujumistrikoo

Baadbüx
ujumispüksid

Korte Büx
lühikesed püksid

Antog to'n Öven
dressid

Schört
põll

Handschoh
kindad

Knopp

nööp

Brill

prillid

Armband

käevõru

Halskeed

kaelakee

Ring

sõrmus

Ohrbummel

kõrvarõngas

Mütz

nokamüts

Klederbögel

riidepuu

Hoot

kaabu

Binner

lips

Rietslüter

tõmblukk

Helm

kiiver

Drachtband

traksid

Schooluniform

koolivorm

Uniform

vormirõivad

Tüüch - riietus

Severböten
....
pudipõll

Snuller
....
lutt

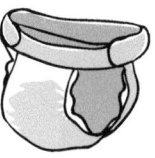

Winnel
....
mähe

Büro
kontor

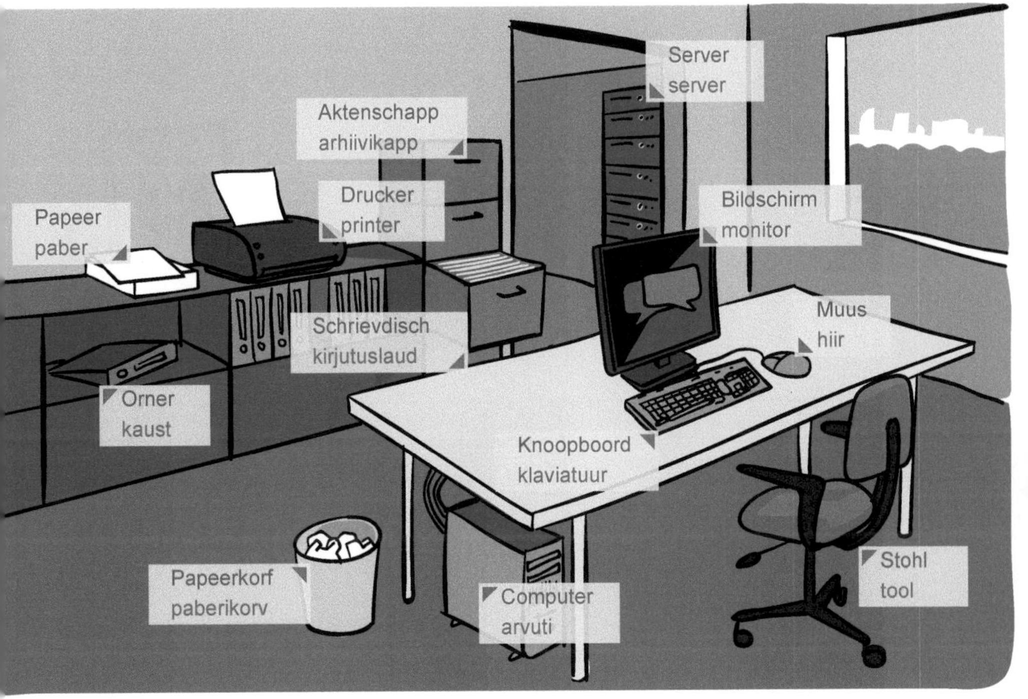

Server
server

Aktenschapp
arhiivikapp

Drucker
printer

Papeer
paber

Bildschirm
monitor

Schrievdisch
kirjutuslaud

Muus
hiir

Orner
kaust

Knoopboord
klaviatuur

Papeerkorf
paberikorv

Computer
arvuti

Stohl
tool

Koffiebeker
....
kohvikruus

Taschenreekner
....
kalkulaator

Internet
....
internet

Klappreekner

sülearvuti

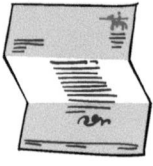

Breef

kiri

Naricht

sõnum

Ackersnacker

mobiiltelefon

Nettwark

võrk

Kopeerapparat

koopiamasin

Software

tarkvara

Klöönkassen

telefon

Steekdoos

pistikupesa

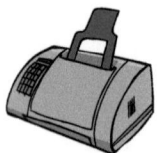

Faxapparat

faksimasin

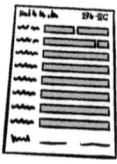

Formulor

vorm

Dokument

dokument

köpen
ostma

betahlen
maksma

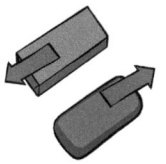

hanneln
vahetama

Geld
raha

Dollar
dollar

Euro
euro

Yen
jeen

Ruvel
rubla

Swiezer Franken
Šveitsi frank

Renminbi Yuan
renminbi jüaan

Rupie
ruupia

Geldautomat
sularahaautomaat

Wesselstuuv

valuutavahetuspunkt

Gold

kuld

Sülver

hõbe

Ööl

nafta

Energie

energia

Pries

hind

Verdrag

leping

Stüer

maks

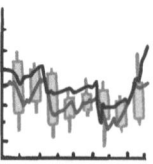

Andeelschien

aktsia

arbeiden

töötama

Anstellte

töötaja

Arbeitgever

tööandja

Fabrik

tehas

Hökerie

kauplus

Profeschonen
ametid

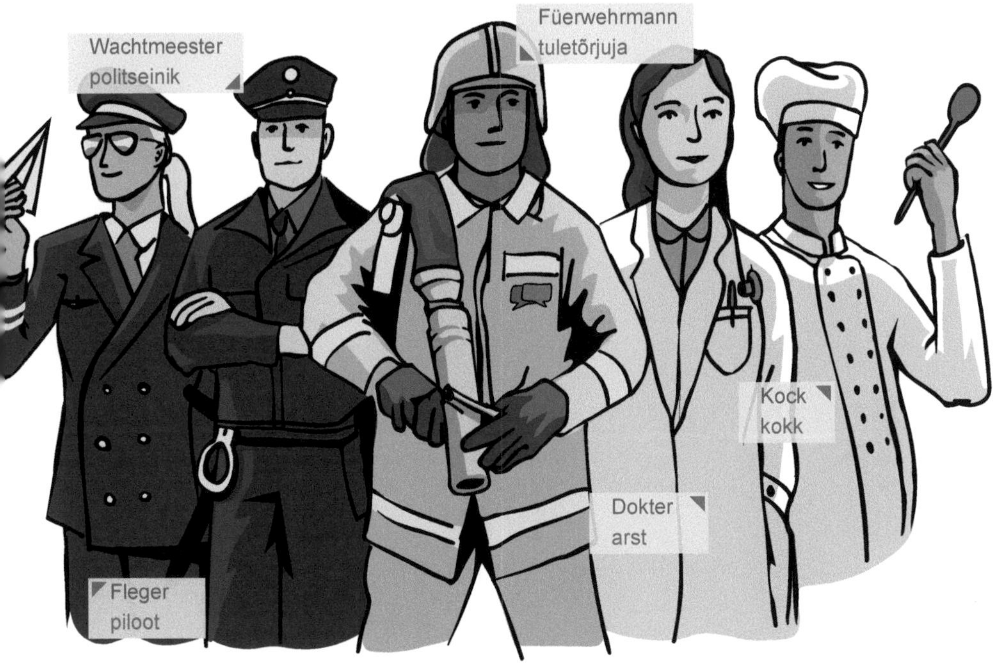
Füerwehrmann
tuletõrjuja
Wachtmeester
politseinik
Kock
kokk
Dokter
arst
Fleger
piloot

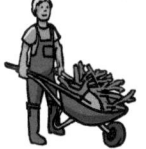

Goorner
aednik

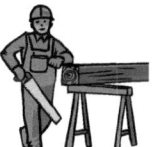

Discher
puusepp

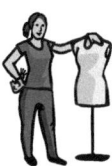

Neihersche
õmbleja

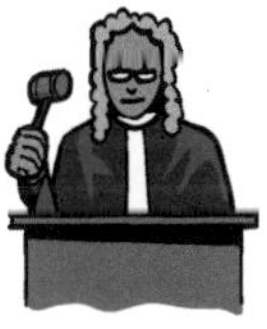

Richter
kohtunik

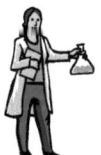

Chemiker
keemik

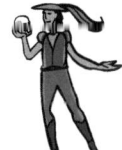

Schauspeler
näitleja

Busfohrer

bussijuht

Taxifohrer

taksojuht

Fischer

kalamees

Reinmaakfru

koristaja

Dackdecker

katusepaigaldaja

Kellner

kelner

Jäger

jahimees

Maler

maaler

Bäcker

pagar

Elektriker

elektrik

Buarbeider

ehitaja

Ingenieur

insener

Slachter

lihunik

Klempner

torumees

Postbüdel

postiljon

Suldat

sõdur

Architekt

arhitekt

Kasserer

kassapidaja

Florist

lillemüüja

Putzbüdel

juuksur

Schaffner

piletikontrolör

Mechaniker

mehaanik

Kaptein

kapten

Tähndokter

hambaarst

Wetenschopler

teadlane

Rabbi

rabi

Imam

imaam

Mönk

munk

Paap

preester

Warktüüch
tööriistad

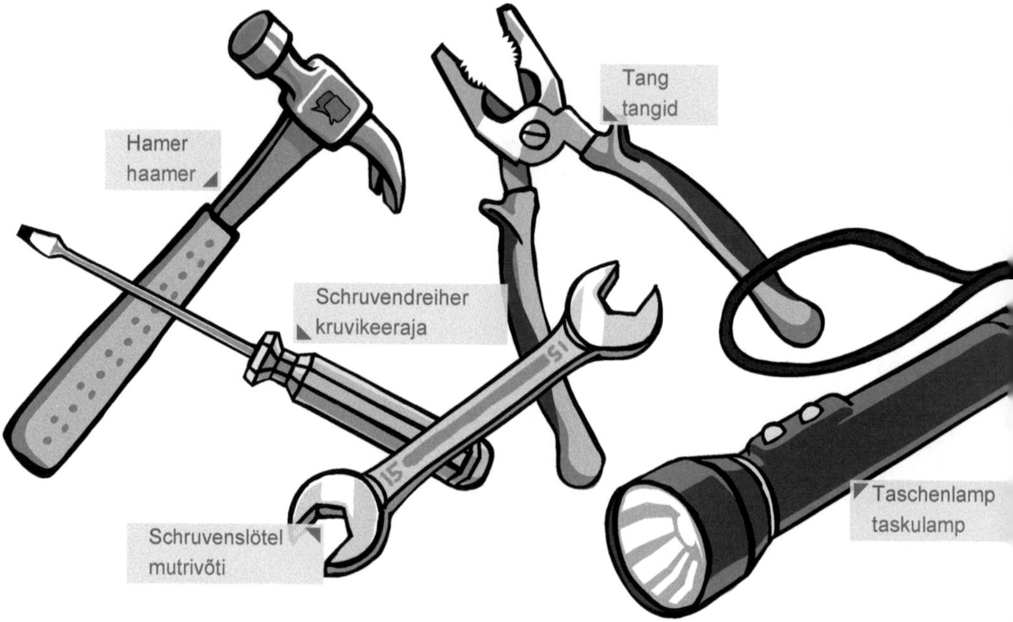
Hamer
haamer
Tang
tangid
Schruvendreiher
kruvikeeraja
Schruvenslötel
mutrivõti
Taschenlamp
taskulamp

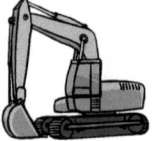

Grieper

ekskavaator

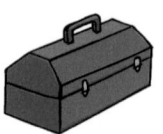

Warktüüchkassen

tööriistakast

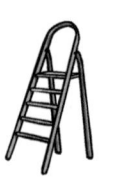

Ledder

redel

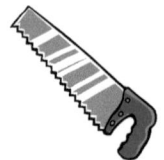

Saag

saag

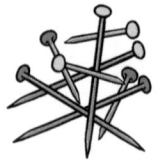

Nagels

naelad

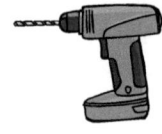

Bohrer

trell

heelmaken
....
parandama

Schüffel
....
labidas

Schiet!
....
Põrgusse!

Kehrblick
....
kühvel

Farvpott
....
värvipott

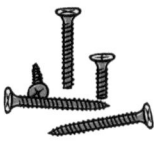

Schruven
....
kruvid

Musikinstrumenten
pillid

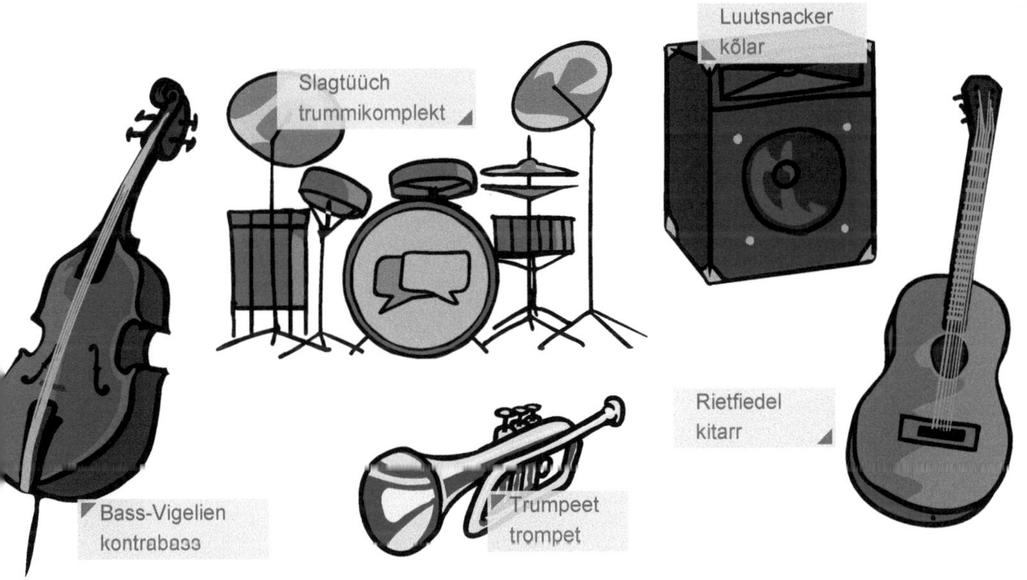

Slagtüüch
trummikomplekt

Luutsnacker
kõlar

Rietfiedel
kitarr

Trumpeet
trompet

Bass-Vigelien
kontrabass

Klaveer

klaver

Vigelien

viiul

Bass

bass

Pauk

timpan

Trummeln

trummid

Keyboard

süntesaator

Saxophon

saksofon

Fleut

flööt

Mikrofoon

mikrofon

Deertenpark
loomaaed

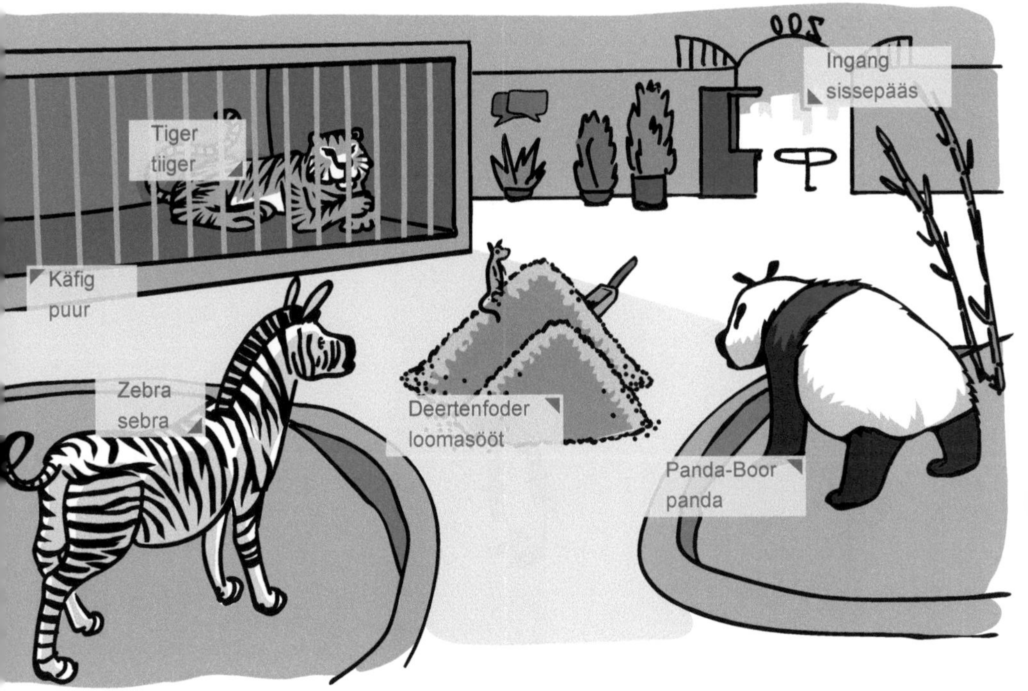

Ingang
sissepääs
Tiger
tiiger
Käfig
puur
Zebra
sebra
Deertenfoder
loomasööt
Panda-Boor
panda

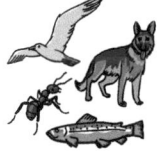

Deerten
loomad

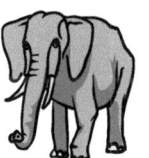

Elefant
elevant

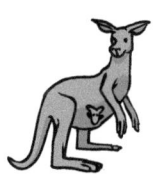

Känguru
känguru

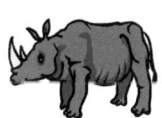

Neeshoorn
ninasarvik

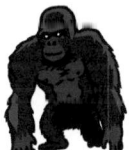

Gorilla
gorilla

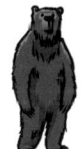

Boor
karu

Kameel

kaamel

Struuß

jaanalind

Lööv

lõvi

Aap

ahv

Flamingo

flamingo

Papagoi

papagoi

Iesboor

jääkaru

Pinguin

pingviin

Haifisch

hai

Pageluun

paabulind

Slang

madu

Krokodil

krokodill

Oppasser in'n Deertenpark

loomaaiatalitaja

Saalhund

hüljes

Jaguor

jaaguar

Pony
poni

Leopard
leopard

Nilpeerd
jõehobu

Giraff
kaelkirjak

Aadler
kotkas

Wildswien
metssiga

Fisch
kala

Schildkrööt
kilpkonn

Walross
morsk

Voss
rebane

Gazell
gasell

Deertenpark - loomaaed

Amerikaansch Football
Ameerika jalgpall

Radfohren
jalgrattasõit

Tennis
tennis

Korfball
korvpall

Swümmen
ujumine

Ieshockey
jäähoki

Boxen
poksimine

Football

jalgpall

Fedderball

sulgpall

Leichtathletik

kergejõustik

Handball

käsipall

Skilopen

suusatamine

Polo

polo

springen
hüppama

ümarmen
kallistama

lachen
naerma

gahn
jalutama

singen
laulma

drömen
unistama

beden
palvetama

snuteln
suudlema

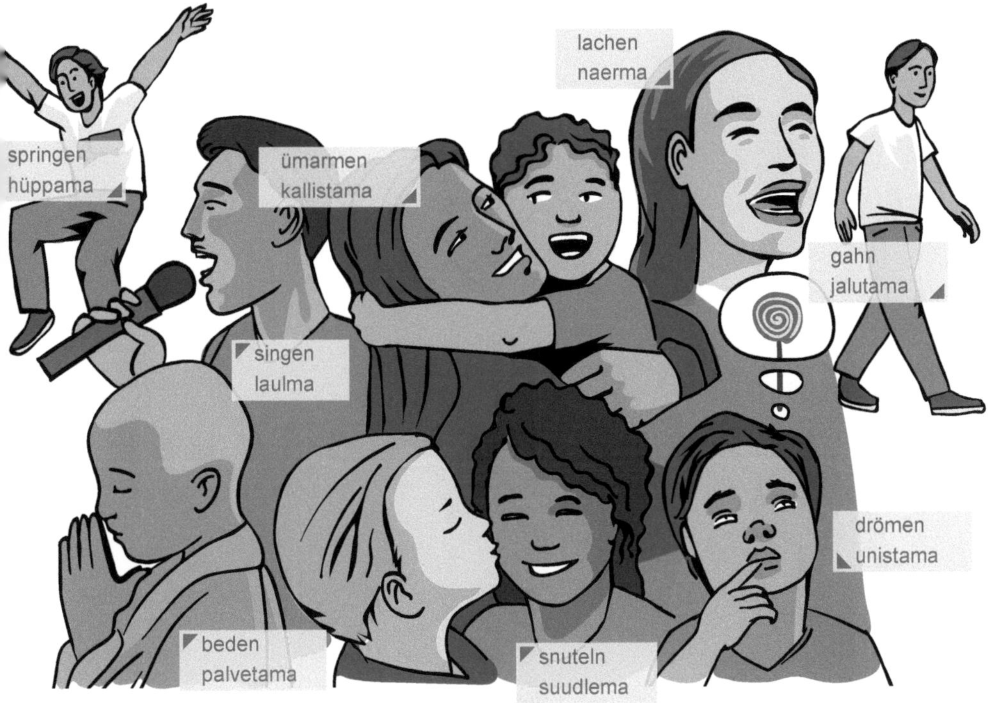

schrieven
kirjutama

teken
joonistama

wiesen
näitama

drücken
lükkama

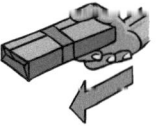

geven
andma

nehmen
võtma

hebben
omama

doon
tegema

sien
olema

stahn
seisma

lopen
jooksma

trecken
tõmbama

smieten
viskama

fallen
kukkuma

liggen
lamama

töven
ootama

dregen
kandma

sitten
istuma

antrecken
riidesse panema

slapen
magama

opwaken
ärkama

ankieken

vaatama

wenen

nutma

eien

paitama

kämmen

kammima

snacken

rääkima

verstahn

aru saama

fragen

küsima

hören

kuulama

drinken

jooma

eten

sööma

oprümen

korrastama

leefhebben

armastama

kaken

süüa tegema

fohren

sõitma

flegen

lendama

segeln

purjetama

reken

arvutama

lesen

lugema

lehren

õppima

arbeiden

töötama

de Plünnen tohoopsmieten

abielluma

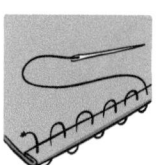

neihen

õmblema

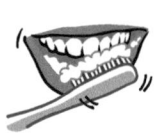

Tähnen putzen

hambaid pesema

dootmaken

tapma

smöken

suitsetama

schicken

saatma

Familje
perekond

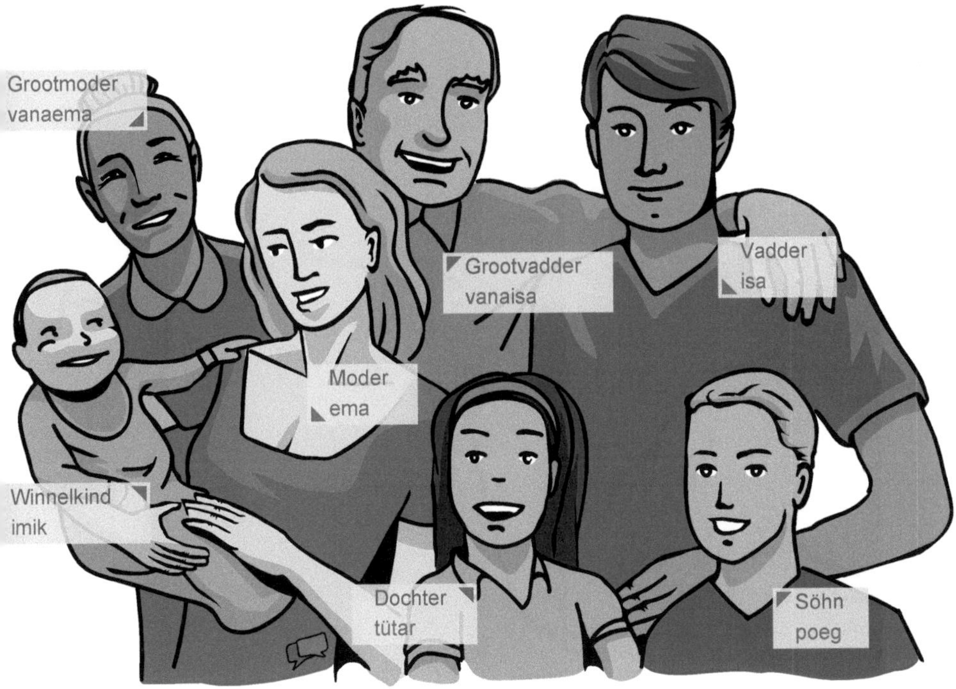
Grootmoder
vanaema
Grootvadder
vanaisa
Vadder
isa
Moder
ema
Winnelkind
imik
Dochter
tütar
Söhn
poeg

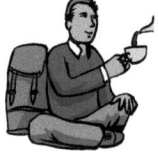

Gast
külaline

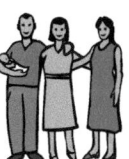

Tant
tädi

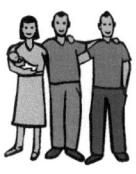

Unkel
onu

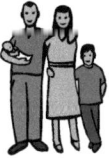

Broder
vend

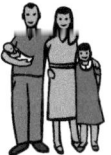

Süster
õde

Lief

keha

Vörkopp
otsmik
Oog
silm
Schuller
õlg
Finger
sõrm
Gesicht
nägu
Kinn
lõug
Hand
käsi
Been
jalg
Bost
rind
Arm
käsivars

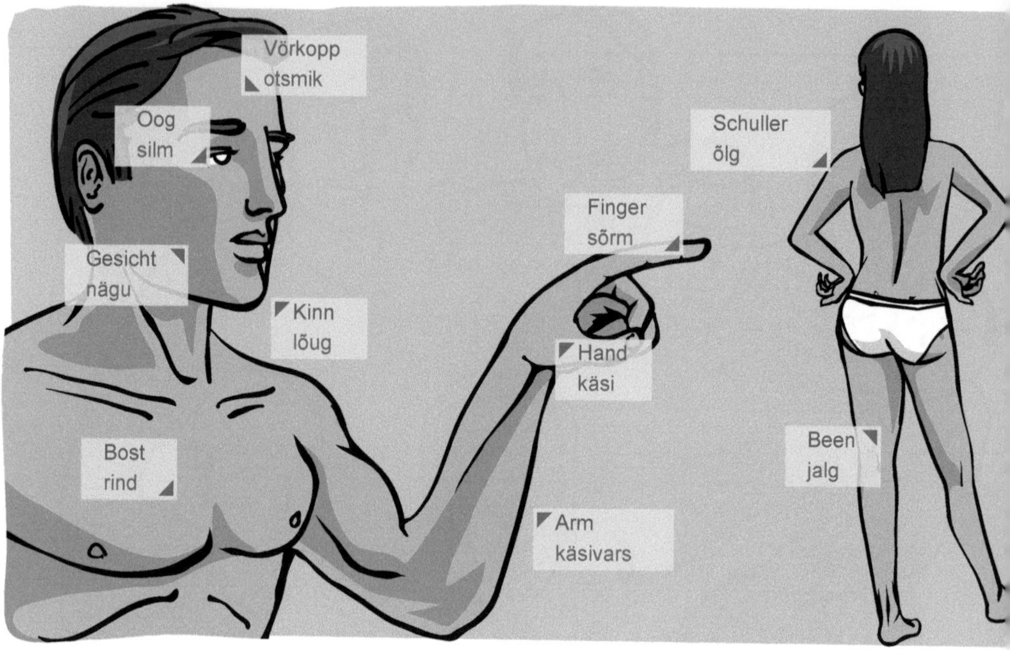

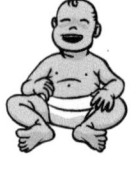

Winnelkind

imik

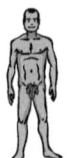

Mann

mees

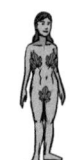

Fro

naine

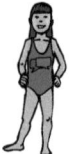

Deern

tüdruk

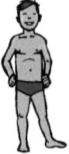

Jung

poiss

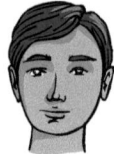

Arm

pea

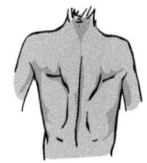

Rüch

selg

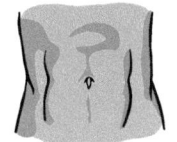

Buuk

kõht

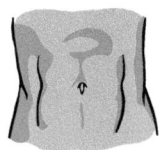

Navel

naba

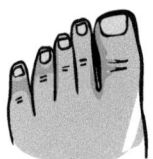

Teh

varvas

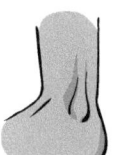

Hack

kand

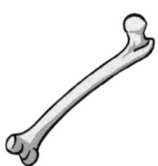

Knaken

luu

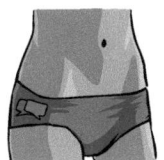

Hüft

puus

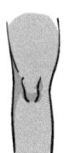

Knee

põlv

Ellbagen

küünarnukk

Nees

nina

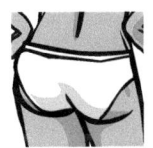

Achtersen

tagumik

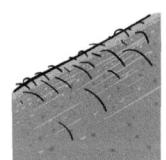

Huut

nahk

Back

põsk

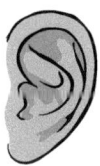

Ohr

kõrv

Lipp

huuled

Mund

suu

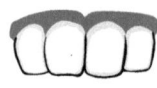

Tähn

hammas

Tung

keel

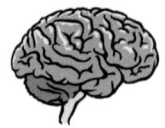

Bregen

aju

Hart

süda

Muskel

lihas

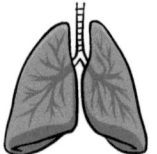

Lung

kops

Lever

maks

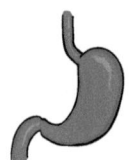

Maag

magu

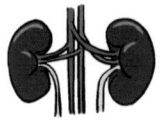

Neren

neerud

Bislaap

seksuaalvahekord

Kondoom

kondoom

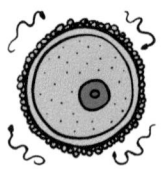

Eizell

munarakk

Sperma

sperma

Anner Ümstänn

rasedus

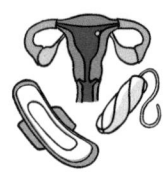

Menstruatschoon

menstruatsioon

Scheed

vagiina

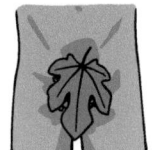

Pint

peenis

Ogenbroe

kulm

Hoor

juuksed

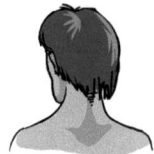

Hals

kael

Krankenhuus
haigla

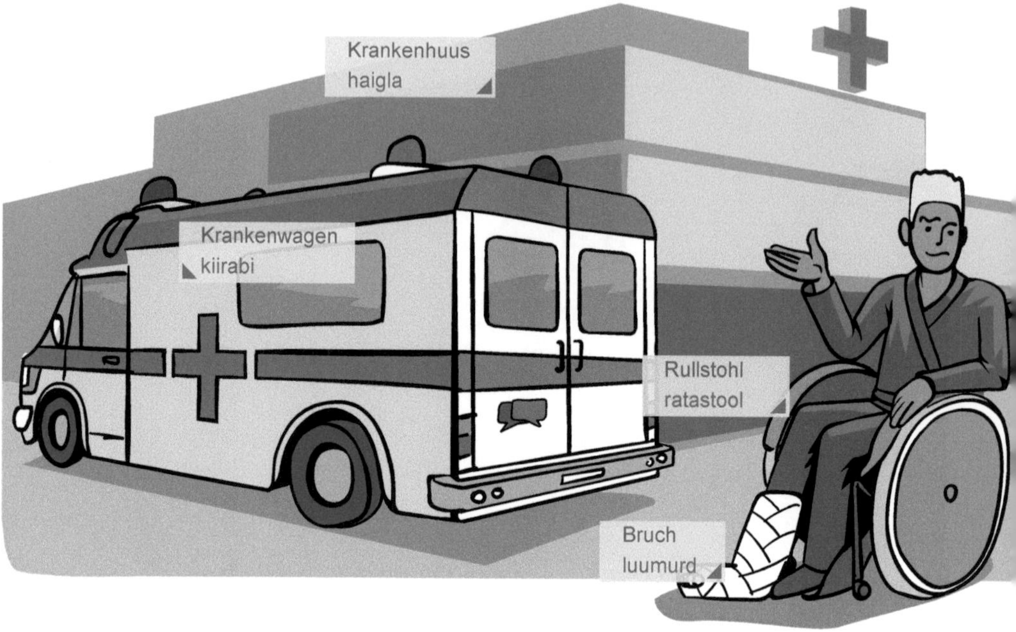

Krankenhuus
haigla
Krankenwagen
kiirabi
Rullstohl
ratastool
Bruch
luumurd

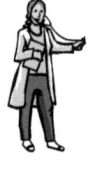

Dokter

arst

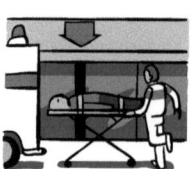

Nootopnahm

traumapunkt

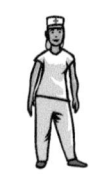

Krankensüster

meditsiiniõde

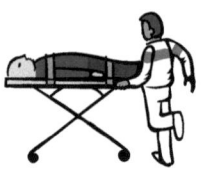

Nootfall

hädaolukord

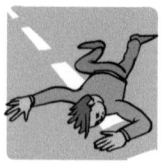

ahnmächtig

teadvuseta

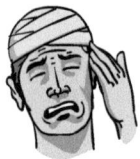

Wehdaag

valu

Verwunnen

vigastus

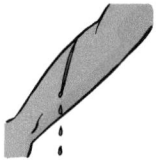

Blöden

verejooks

Hartinfarkt

südamerabandus

Slaganfall

insult

Allergie

allergia

Hoosten

köha

Fever

palavik

Gripp

gripp

Dörchfall

kõhulahtisus

Koppwehdaag

peavalu

Kreeft

vähk

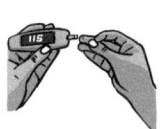

Zuckersüük

diabeet

Chirurg

kirurg

Chirurgsch Mess

skalpell

Operatschoon

operatsioon

CT

KT

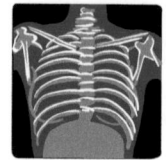

Dörchlüchten

röntgen

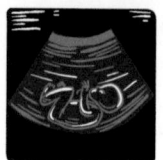

Ultraschall

ultraheli

Mask

mask

Krankheit

haigus

Töövruum

ooteruum

Krück

kark

Plaaster

kips

Verband

side

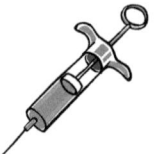

Insprütten

süst

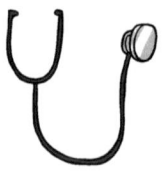

Stethoskop

stetoskoop

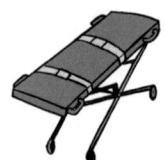

Draag

kanderaam

Feverthermometer

kraadiklaas

Geboort

sünd

Övergewicht

ülekaaluline

Höörapparat
kuuldeaparaat

Kiemfriemiddel
desinfektsioonivahend

Ansteken
põletik

Virus
viirus

HIV / AIDS
HIV / AIDS

Heelmiddel
meditsiin

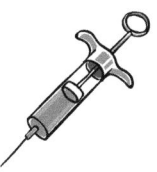

Impen
vaktsineerimine

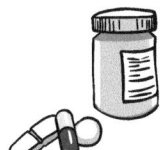

Tabletten
tabletid

Pill
pill

Nootroop
hädaabikõne

Blootdruck-Meter
vererõhuaparaat

krank / gesund
haige / terve

Hölp!

Appi!

Alarm

häire

Överfall

kallaletung

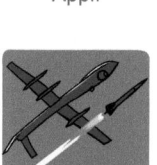

Angreep

rünnak

Gefohr

oht

Nootutgang

avariiväljapääs

Füer!

Tulekahju!

Füerlöscher

tulekustuti

Unfall

õnnetus

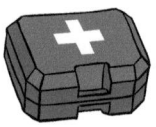

Noothölpkoffer

esmaabikomplekt

SOS

SOS

Polizei

politsei

Europa
Euroopa

Noordamerika
Põhja-Ameerika

Süüdamerika
Lõuna-Ameerika

Afrika
Aafrika

Asien
Aasia

Australien
Austraalia

Atlantik
Atlandi ookean

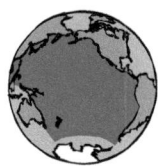

Pazifik
Vaikne ookean

Indisch Weltmeer
India ookean

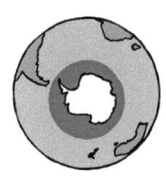

Antarktisch Weltmeer
Lõuna-Jäämeri

Arktisch Weltmeer
Põhja-Jäämeri

Noordpol
põhjapoolus

Süüdpol
....
lõunapoolus

Antarktis
....
Antarktika

Eerd
....
Maa

Land
....
maismaa

See
....
meri

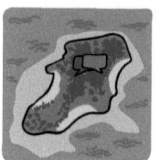

Eiland
....
saar

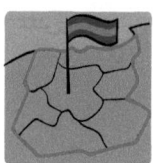

Natschoon
....
rahvus

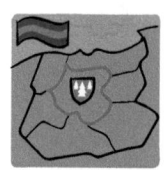

Staat
....
riik

Tallenblatt

sihverplaat

Stunnenwieser

tunniosuti

Minutenwieser

minutiosuti

Sekunnenwieser

sekundiosuti

Wo laat is dat?

Mis kell on?

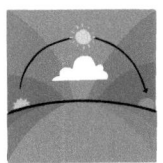

Dag

päev

Tiet

aeg

nu

praegu

digetaalsch Klock

digitaalne kell

Minuut

minut

Stunn

tund

Week

nädal

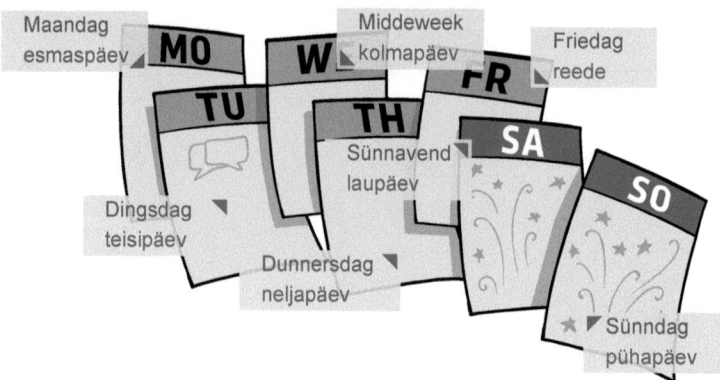

Maandag / esmaspäev — MO
Middeweek / kolmapäev — W
Friedag / reede — FR
TU
TH
Dingsdag / teisipäev
Sünnavend / laupäev — SA
Dunnersdag / neljapäev
SO
Sünndag / pühapäev

güstern
....
eile

hüüt
....
täna

morgen
....
homme

Morgen
....
hommik

Meddag
....
lõuna

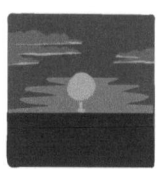

Avend
....
õhtu

Arbeitsdaag
....
tööpäevad

Wekenenn
....
nädalavahetus

Johr
aasta

Regen
vihm
Regenbagen
vikerkaar
Wind
tuul
Snee
lumi
Fröhjohr
kevad
Harvst
sügis
Sommer
suvi
Winter
talv

4.APRIL 11°
5.APRIL 4°
6.APRIL 13°
7.APRIL 8°
8.APRIL 10°

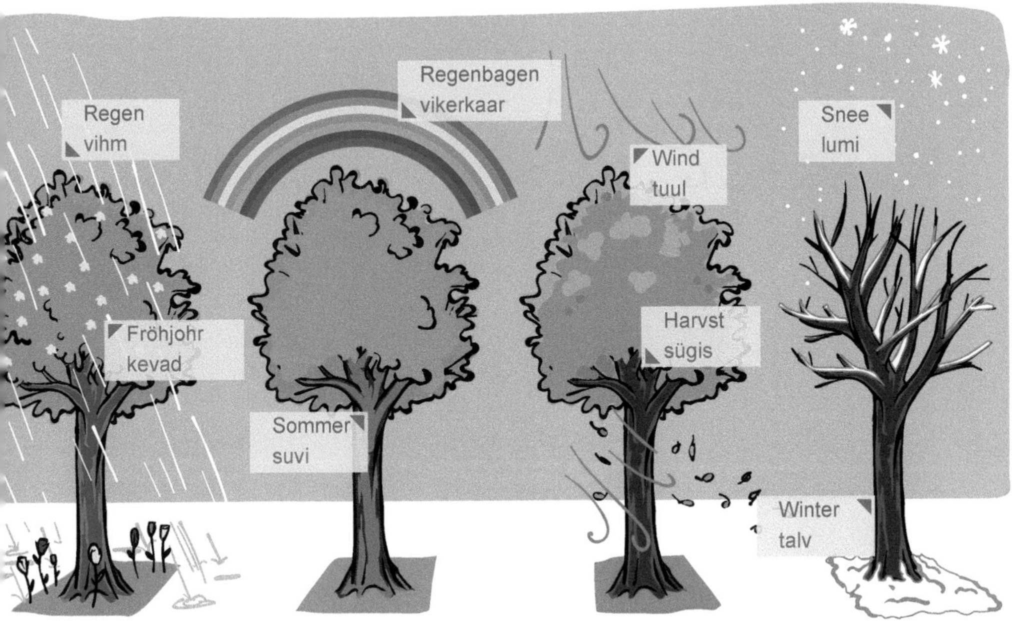

Wedervörhersaag
ilmaennustus

F C
120 40
90 30
60 20
30 10
0 0
-30 -10
-20

Thermometer
termomeeter

Sünnenschien
päikesepaiste

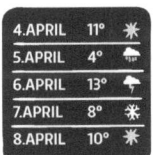

Wulk
pilv

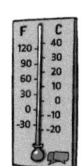

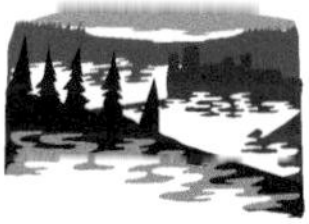

Nevel
udu

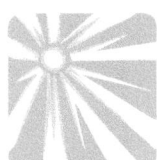

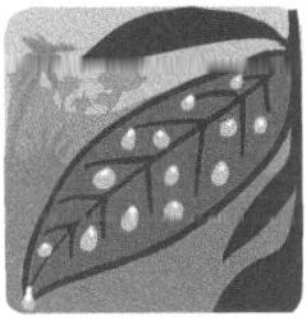

Luftfuchtigkeit
niiskus

Blitz

pikne

Dunner

kõu

Storm

torm

Hagel

rahe

Monsun

mussoon

Floot

üleujutus

Ies

jää

Januormaand

jaanuar

Februormaand

veebruar

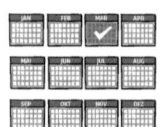

Martmaand

märts

Aprilmaand

aprill

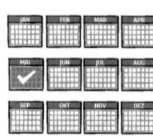

Maimaand

mai

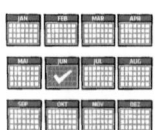

Junimaand

juuni

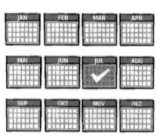

Julimaand

juuli

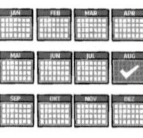

Augustmaand

august

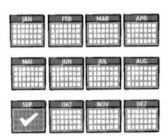

Septembermaand

september

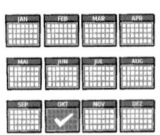

Oktobermaand

oktoober

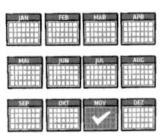

Novembermaand

november

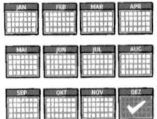

Dezembermaand

detsember

Formen
kujundid

Krink

ring

Quadrat

ruut

Rechteck

nelinurk

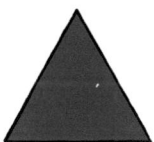

Dreeeck

kolmnurk

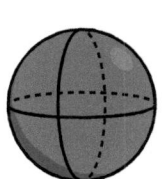

Kugel

kera

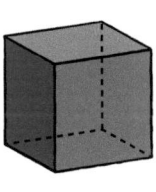

Wörpel

kuup

witt
....
valge

geel
....
kollane

orangsch
....
oranž

pink
....
roosa

root
....
punane

lila
....
lilla

blau
....
sinine

gröön
....
roheline

bruun
....
pruun

gries
....
hall

swart
....
must

veel / wenig

palju / vähe

böös / verdreeglich

vihane / rahulik

smuck / mies

ilus / inetu

Begünn / Enn

algus / lõpp

groot / lütt

suur / väike

hell / düüster

hele / tume

Broder / Süster

vend / õde

schier / schietig

puhas / must

kumpleet / nich kumpleet

täielik / puudulik

Dag / Nacht

päev / öö

doot / lebennig

surnud / elus

breet / small

lai / kitsas

geneetbor / nich geneetbor

söödav / mittesöödav

böös / fründlich

kuri / sõbralik

fickerig / langwielt

põnevil / tüdinud

dick / dünn

paks / peenike

toeerst / toletzt

esimene / viimane

Fründ / Fiend

sõber / vaenlane

vull / leddig

täis / tühi

hart / week

kõva / pehme

swoor / licht

raske / kerge

Smacht / Döst

nälg / janu

krank / gesund

haige / terve

nich na't Recht / na't Recht

ebaseaduslik / seaduslik

klook / dummerhaftig

tark / rumal

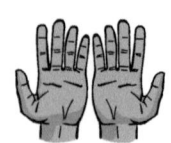

linkerhand / rechterhand

vasak / parem

neeg / feern

lähedal / kaugel

nieg / bruukt

uus / kasutatud

nix / wat

mitte midagi / midagi

oolt / jung

vana / noor

an / ut

sees / väljas

apen / slaten

lahti / kinni

lies / luut

vaikne / vali

riek / arm

rikas / vaene

richtig / verkehrt

õige / vale

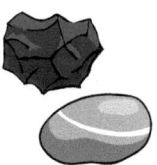

ruug / glatt

kare / sile

trurig / glücklich

kurb / rõõmus

kort / lang

lühike / pikk

suutje / flink

aeglane / kiire

natt / dröög

märg / kuiv

warm / köhl

soe / jahe

Krieg / Freden

sõda / rahu

0	**1**	**2**
null	een	twee
null	üks	kaks

3	**4**	**5**
dree	veer	fief
kolm	neli	viis

6	**7**	**8**
söss	söven	acht
kuus	seitse	kaheksa

9	**10**	**11**
negen	teihn	ölven
üheksa	kümme	üksteist

12	**13**	**14**
twölf	dörteihn	veerteihn
kaksteist	kolmteist	neliteist

15	**16**	**17**
föffteihn	sössteihn	söventeihn
viisteist	kuusteist	seitseteist

18	**19**	**20**
achtteihn	negenteihn	twintig
kaheksateist	üheksateist	kakskümmend

100	**1.000**	**1.000.000**
hunnert	dusend	million
sada	tuhat	miljon

Engelsch

inglise

Amerikaansch Engelsch

Ameerika inglise

Chineesch Mandarin

mandariini

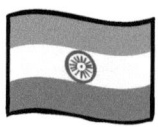

Hindi

hindi

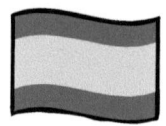

Spaansch

hispaania

Franzöösch

prantsuse

Araabsch

araabia

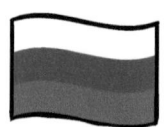

Rusch

vene

Portugiesch

portugali

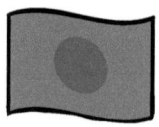

Bengaalsch

bengali

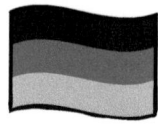

Düütsch

saksa

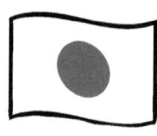

Japaansch

jaapani

ik

mina

du

sina

he / se / dat

tema

wi

meie

ji

teie

se

nemad

keen?

kes?

wat?

mis?

woans?

kuidas?

woneem?

kus?

wannehr?

millal?

Naam

nimi

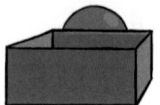

achter

taga

in

sees

vör

ees

över

kohal

op

peal

ünner

all

blangen

kõrval

twüschen

vahel

Oort

koht